CLASS

JOINED-UP WRITING

Devised by Anne Hegerty
Consultant: Susheila Stone, BA (Hons), Dip. Ed.
Illustrations by Julia King

Copyright © 1996 World International Limited.
All rights reserved. Published in Great Britain by
World International Limited, Deanway Technology Centre,
Handforth, Cheshire SK9 3FB.
Printed in Finland.
Reprinted in 1996.
ISBN 0 7498 0652 4

WORLD

Note to parents

Make sure your child is sitting comfortably at the table and using an HB pencil. Let the child use whichever hand seems more natural.

The pencil should be held like this:

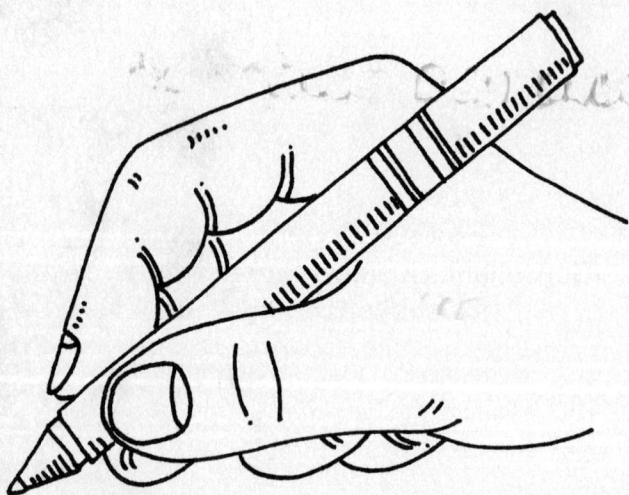

These letters are easy to join.

a a

a a a   a a a   a a a a

a a a a a   a a a a a a a a

Join them like this.

a a a a   a a a a a a   a a a a   a a a a a a a a a a a   a a a a a a a a a a a a a

e e

e e e   e e e   e e e e e e   e e e e e e e e   e e e e e e e e e

Join them like this.

e e e e e e   e e e e e e   e e e e e e e e e e e   e e e e e e e e e e e e e e   e e e e e e e e   e e e e e e e   e e e e e

When you finish each page, go over
the patterns at the top in red pen.
Then you could colour the pictures.

C C

c c c c c c ccccccccc

ccccc c c c c c c c c c c c c

Join them like this. ccccc
ccc
ccccccc ccc ccc cccc

ccccc ccccccc ccccc

ccccc ccccccccccc

u u

u u u u u u uuuu

uuuuuuuuuuuuuu uu u u uuuu

Join them like this.
uuuuuu
uuuuuuuuuu uuuuu uuuu

uuuuuuu uuuu uuuuu

uuuuuuuuuuuuuu

m m

m m m m m m

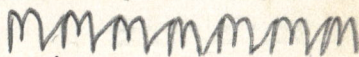

Join them like this.

mmmmmm

n n

n n n n n n

Join them like this.

nnnnnn

i   i

i i i i i i iiiiiiiii
iii

Join them like this. Put the dots on
after you finish each row.

iiiii iiii iiiiiiiii

t   t

t t t t t t ttttttttt
tttt

Join them like this. Cross each pair
of letters after you write them.

tt tt tt tt tt tt tt
tt tt tt tt tt tt tt tt
tt tt tt tt tt tt

d d

The pencil goes up to the top of the line and down the same way, so that it looks like one line.

d d d d d d

Join them like this.

ddd ddd

l l

l l l l l l

Join them like this.

lllll

h h

h h h *h h h*

Join them like this.

hhh *hhh*

k k

k k k *k k k*

Join them like this.

kkk *kkk*

Join them like this.

aiaiai *aiaiai*

eaeaea eaeaea

ieieie ieieie

cucucu cucucu

ueueue ueueue

lululu lululu

lelele lelele

ililil ilili

cdcdcd cdcd

cicici cicici

Fill in the missing letters in joined-up writing.

pail   p_____   p_____

p_____   p_____   p_____

p_____   p_____   p_____

p_____   p_____   p_____

seat   s___t   s___t

s___t   s___t   s___t

s___t   s___t   s___t

s___t   s___t   s___t

field   f___d   f___d

f___d   f___d   f___d

f___d   f___d   f___d

f___d   f___d   f___d

bee   b___   b___

b___   b___   b___

b___   b___   b___

b___   b___   b___

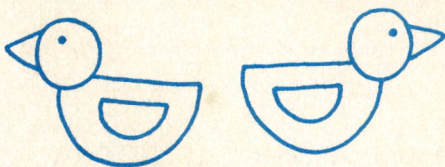

uuuuu

duck   d   k   d   k

d   k   d   k   d   k

d   k   d   k   d   k

d   k   d   k   d   k

cub   b   b

    b   b   b

    b   b   b

    b   b   b

lead   d   d

    d   d   d

    d   d   d

    d   d   d

clip   p   p

    p   p   p

    p   p   p

    p   p   p

anananan

clap _____ p _____ p
_____ p _____ p _____ p
_____ p _____ p _____ p
_____ p _____ p _____ p
_____ p _____ p _____ p

seal   s_____   s_____
s_____ s_____   s_____
s_____ s_____   s_____
s_____ s_____   s_____
s_____ s_____   s_____

glue   g_____   g_____
g_____ g_____   g_____
g_____ g_____   g_____
g_____ g_____   g_____
g_____ g_____   g_____

n and m

Join the letters like this.

anananananan _____

_____

_____

Fill in the missing letters in joined-up writing.

pan   p_____   p_____
p_____   p_____   p_____

candle   _____   d_____
_____d_____   _____d_____

anchor   _____hor
_____hor   _____hor

bean   b_____   b_____
b_____   b_____   b_____

nail   _____l   _____l
_____l   _____l   _____l

mememe*mememe*

---

mea t ___ t ___ t
___ t ___ t ___ t

ninini *ninini* _____

---

knife k___fe k___fe
k___fe k___fe k___fe

w *in*   w___   w___

w___   w___   w___

umumum *umumum*

---

*um*brella ___brella
___brella ___brella

*mu*g ___g ___g
___g ___g ___g

mememememe

ununun ununun _____

fun   f _____   f _____
f _____   f _____   f _____

under   der   der
der   der   der

mamama mamama

man

mimimi mimimi _____

milk   k   k
k   k   k

d and t

ldldld ldldld _____

go ld   go ____   go ____

go ___   go ___   go ___

ltltlt ltltlt _____

qu ilt   qu ____   qu ____

qu ___   qu ___   qu ___

ntntnt ntntnt _____

antler   a ___ er

a ___ er   a ___ er

Make sure you cross the t only at the end of each word.

ndndnd ndndnd _____

candle _____

tetetetetete _____

_____

tea ___ ___ ___ ___

___ ___ ___ ___

atatatatatat _____

_____

cat ___ ___ ___ ___

___ ___ ___ ___

edededededed ___

_____

bed b___ b___ b___

b___ b___ b___ b___

idididididid _____

_____

hide h_____ h_____

h_____ h_____ h_____

dududu dududu ___

_____

muddy _____ y

_____ y _____ y

and ___ ___ ___ ___

___ ___ ___ ___ ___

Fill in the missing words in
joined-up writing.

lock *and* key

hat ___ coat

bread ___ butter

mum ___ dad

bucket ___ spade

knife ___ fork

salt ___ pepper

Make sure that d and cl are different!

day ____y ____y ____y
____y ____y ____y ____y
clay ____y ____y ____y
____y ____y ____y ____y

dear ____r ____r
____r ____r ____r
clear ____r ____r
____r ____r ____r

dip ____p ____p ____p
____p ____p ____p ____p
clip ____p ____p ____p
____p ____p ____p ____p

dash ____sh ____sh
____sh ____sh ____sh
clash ____sh ____sh
____sh ____sh ____sh

h and k

lklklklklklk _____

_____

talk __ __ __

__ __ __

chchchchchch __

_____

m at ch   m at __
mat __   mat __

p a t ch   p a __
p a __   p a __

ckckckckckck __

_____

chick __ __ __

__ __ __

kick __ __ __

_____

knknkn knknkn ____

_____

ink i___ i___ i___
i___ i___ i___ i___

kn ob ___ob ___ob
___ob ___ob ___ob

thththththth ____

_____

the ___ ___ ___

___ ___ ___

bath b___ b___
b___ b___ b___

ya**cht**   ya_____

ya_____   ya_____

ya_____   ya_____

ya_____   ya_____

head _____   _____

_____   _____

_____   _____

_____   _____

hat _____   _____

_____   _____

_____   _____

_____   _____

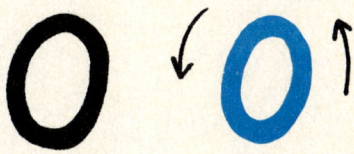

O ↙ O ↗

o o o o o o _____

_____

Join them like this.

ooo ooo _____

_____

_____

Fill in the missing letters in joined-up writing.

food f__d f__d
f__d f__d f__d
f__d f__d f__d
f__d f__d f__d

moo ____ ____ ____

____ ____ ____

____ ____ ____

oioioioioioioi _____

boil l   b __ l   b __ l
b __ l   b __ l   b __ l

cocococococo _____

coin _____   _____

co w   ___ w   ___ w
___ w   ___ w   ___ w

oil   _____   _____

ouououououou _____

r ound   r___ ___d
r___ ___d   r___ ___d

loud   ___ ___   ___ ___

___ ___   ___ ___   ___ ___

moun tain

___ ___ ___tain

___ ___ ___tain

nononononono ___ ___

___ ___ ___ ___

otototototot ___ ___

___ ___ ___

note   ___e   ___e

___e   ___e   ___e

___e   ___e   ___e

oa oa oa
oa

oaoaoaoaoaoa ____

_____

boat   b____   b____
b____   b____   b____
b____   b____   b____
b____   b____   b____

road   r____   r____
r____   r____   r____
r____   r____   r____
r____   r____   r____

coat   ____   ____

____   ____   ____

____   ____   ____

____   ____   ____

f f→

f f f f f f _____

Join it to other letters like this.

fafafafafafafa _____

fa rm ____ rm ____ rm
____ rm ____ rm ____ rm
____ rm ____ rm ____ rm
____ rm ____ rm ____ rm

fofofofofofofo _____

fo x ____ x ____ x
____ x ____ x ____ x
____ x ____ x ____ x
____ x ____ x ____ x

fefefefefefe _____

fell ___ ___ ___

fifififififi _____

fish ___sh ___sh
___sh ___sh ___sh

fufufufufufu _____

fun ___ ___ ___

flflflflflfl _____

fly ___y ___y ___y
___y ___y ___y ___y

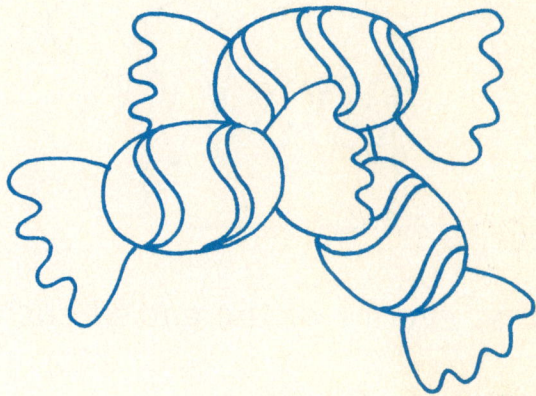

fee   fi   fo   fum

___ ___ ___ ___

___ ___ ___ ___

But you don't join f to another f.

c offee   c____e

c____e   c____e

c____e   c____e

t offee   t____e

t____e   t____e

t____e   t____e

off   ___ ___ ___

___ ___ ___

___ ___ ___

___ ___ ___

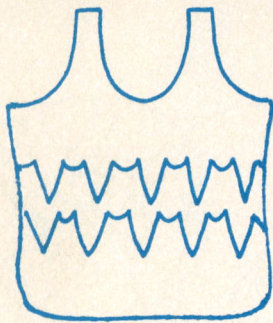

Cross every t at the end of each row

ft ft ft ft ft ft ft _____

_____

soft   so___   so___
so___   so___   so___
so___   so___   so___
so___   so___   so___

lift   li___   li___
li___   li___   li___
li___   li___   li___
li___   li___   li___

after   a___er   a___er
a___er   a___er   a___er
a___er   a___er   a___er
a___er   a___er   a___er

V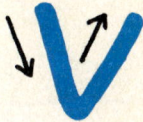

V V V V V V _____

_____

Join it to other letters like this.

vavava vavava _____

_____

van __n __n __n
__n __n __n __n
__n __n __n __n

veveve veveve _____

_____

vest __st __st
__st __st __st
__st __st __st

vivivi vivivi _____

_____

violin   __olin
__olin   __olin

vovovovovovo ____

_____

voice   __ice
__ice   __ice

dove   d____   d____
d____   d____   d____

oval   ____ ____ ____

____ ____ ____

vuvuvuvuvuvuvuvu ____

_____

vulture   __ture
__ture   __ture

W

w w w w w w _____

_____

Join it to other letters like this.

wowowo wowowo

_____

wood ____d

____d ____d

wlwlwl wlwlwl _____

_____

owl ____ ____

____ ____ ____

whwhwh whwhwh

_____

wheel ____eel

____eel ____eel

ewewew*ewewew*

---

n*ew* n___ n___
n___ n___ n___

twtwtw*twtwtw* ___

---

*tw*o ___o ___o ___o
___o ___o ___o ___o

wawawa*wawawa*

---

*wa*ter ___ter
___ter ___ter

wnwnwn*wnwnwn*

---

*to*wn t___ t___
t___ t___ t___

r   ↓r

Don't forget the little wave at the end!

r r r   r   r   r _____

_____

Join them like this.

rrrrrr _____

_____

_____

You can join r to almost anything!

arararararar _____

_____

star   st____   st____

st____   st____   st____

rfrfrfrfrfrf _____

_____

scarf   sc____   sc____

sc____   sc____   sc____

ororororororor_____

_____

rmrmrm rmrmrm___

_____

w orm   w_____
w_____   w_____

rlrlrl rlrlrl_____

_____

w orld w___d
w___d w___d

irirlr irirlr_____

_____

rdrdrd rdrdrd_____

_____

b ird   b___
b___   b___

ururur ururur _____

_____

rnrnrn rnrnrn _____

_____

b urn   b _____

b _____   b _____

wrwrwr wrwrwr _____

_____

write   _____te

_____te   _____te

trtrtr trtrtr _____

_____

train   _____in

_____in   _____in

rerere rerere _____

_____

ured _____   _____

_____ _____ _____ _____

b, s, x, p, g, y, j, q

Take your pencil off the paper after each of these letters before you start writing any other letters.

b ↓b↷

b b b b b b _____

_____

boy ___y ___y
___y ___y ___y

ball ___ ___

___ ___ ___

bus ___s ___s
___s ___s ___s

bed ___ ___

___ ___

But you do join letters *before* b.

Remember to take your pencil right up to the top of the b and down again.

ab ab ab ab ab ab

crab cr_____ cr_____
cr_____ cr_____ cr_____

ob ob ob ob ob ob

rob r_____ r_____
r_____ r_____ r_____

ib ib ib ib ib ib_____

nib _____ _____
_____ _____ _____

baby _____y _____y
_____y _____y _____y

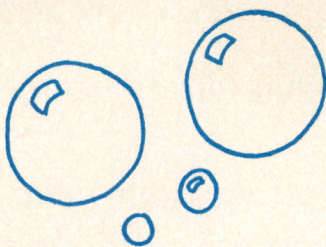

rb rb rb rb rb rb

---

kerb ke____ ke____
ke____ ke____ ke____

lb lb lb lb lb lb____

---

bulb b____ b____
b____ b____ b____

mb mb mb mb mb

---

crumb cr____
cr____ cr____

bubble ____

____

s s s s s

S S s s s _____

_____

see _____ _____

sea _____ _____

sun _____ _____

sand _____ _____

stone _____ _____

isisis

os os os os os os

n ose n____ n____
n____ n____ n____
n____ n____ n____

is is is is is is ____

list ____ ____

____ ____ ____

____ ____ ____

as as as as as as

g rass g____ g____
g____ g____ g____
g____ g____ g____

rs rs rs rs rs rs _____

horse   h _____
h _____   h _____
h _____   h _____

ts ts ts ts ts ts _____

cats   _____   _____

_____   _____   _____

_____   _____   _____

ls ls ls ls ls ls _____

tails   _____   _____

_____   _____   _____

_____   _____   _____

X **X**

x x x X X X _____

_____

box   b_____   b_____
b_____ b_____ b_____
b_____ b_____ b_____
b_____ b_____ b_____

axe   _____   _____

_____   _____   _____

_____   _____   _____

_____   _____   _____

six   s_____   s_____
s_____ s_____ s_____
s_____ s_____ s_____
s_____ s_____ s_____

p ↓ p

p p p p p p _____

pan

pen

pig

pot

plug

apple

ap ap ap ap ap
_____

apple _____ _____

_____ _____ _____

_____ _____ _____

ep ep ep ep ep ep
_____

step _____ _____

_____ _____ _____

_____ _____ _____

ip ip ip ip ip ip ___
_____

trip _____ _____

_____ _____ _____

_____ _____ _____

op op op op op

op op op op op

top

up up up up up

cup

rp rp rp rp rp rp

harp

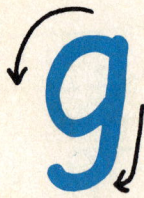

g *g*

g g g   g g g _____

_____

gate   ____   ____

_____   _____

girl   ____   ____

_____   ____   ____

og og   og   og   og

_____

dog   ____   ____

_____   ____

dg dg   dg   dg   dg

_____

badge   ____

_____

painting

rg rg rg rg rg rg

---

large _____

_____ _____

ing ing ing ing ing

---

reading _____

_____ _____

painting _____

_____ _____

laugh _____

_____ _____

light _____

_____ _____

y y

y y y y y y _____

_____

y es _____ _____

_____ _____ _____

_____ _____ _____

ay ay ay ay ay ay

_____

tray _____ _____

_____ _____ _____

eye _____ _____

_____ _____ _____

ry ry ry ry ry ry

_____

cry _____ _____

_____ _____ _____

oy oy oy   oy oy oy

_____

b oy   ____   ____

____   ____   ____

____   ____   ____

ly ly ly   ly ly ly ___

_____

q uickly   q ____

q ____   q ____

q ____   q ____

s lowly   ____

____   ____

____   ____

q uietly   q ____

q ____   q ____

q ____   q ____

j

j j

j j j j j j _____

_____

jail _____ _____

_____ _____

_____ _____

_____ _____

aj aj aj aj aj aj

_____

rajah _____ _____

_____ _____

_____ _____

_____ _____

q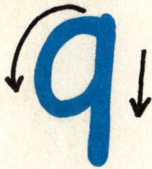

q q q q q q _____

_____

queen _____ _____

_____ _____ _____

_____ _____ _____

_____ _____ _____

eq eq eq eq eq eq

_____

equal ____ ____

____ ____ ____

____ ____ ____

____ ____ ____

Z   Z

Z Z Z Z Z Z _____

_____

z joins to letters that come
after it, but you take your pencil off
the paper *before* it.

zo zo zo zo zo zo

_____

zoo _____ _____

_____

ze ze ze ze ze ze

_____

sneeze _____

_____ _____

za za za za za za

_____

wizard _____

_____

zy zy zy zy zy zy

---

fizzy   _____

_____   _____

These are the capital letters. They
don't join to anything.

A B C D E F
G H I J K L M
N O P Q R S T
U V W X Y Z

Can you write your name
in joined-up writing on the
line underneath?

_____

Can you write the name of
your school?

_____

Copy each line in joined-up writing.

Doctor Foster

_____

Went to Gloucester

_____

In a shower of rain,

_____

He stepped in a puddle

_____

Right up to his middle

_____

And never went there again!

_____

There was an old man
who said, "Hush!

I can see a young bird
in this bush!"

When they asked,
"Is it small?"

He replied, "Not at all!

It is four times as big as
the bush!"

A man in the wilderness

Said to me,

"How many strawberries

Grow in the sea?"

I answered him,

As I thought good,

"As many red herrings

As live in the wood!"

There was an old man
with a beard,

_____

_____

Who said,
"It is just as I feared!

_____

_____

Two owls and a hen,

_____

Four larks and a wren

_____

Have all built their nests
in my beard!"

_____

_____

If all the world were paper,

And all the seas were ink,

And all the trees

Were bread and cheese,

What should we have

To drink?

A simple young fellow
named Hyde

_____

_____

In a funeral procession
was spied.

_____

_____

When they asked,
"Who is dead?"

_____

_____

He giggled and said,

_____

"I don't know,
I just came for the ride!"

_____

_____

I always eat

peas with honey,

I've done it

all my life,

They do taste

kind of funny,

But it keeps them

on the knife!

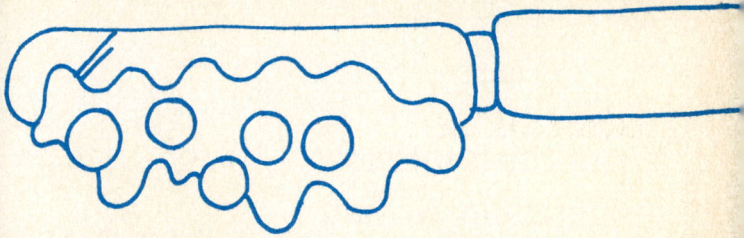

There was a young lady
of Ryde,

_____

_____

Who ate some green
apples and died,

_____

_____

The apples fermented

_____

Inside the lamented,

_____

And made cider
inside her inside!

_____

_____

Write this sentence
in joined-up writing.

I can do joined-up writing!